BEI GRIN MACHT SICH IHR WISSEN BEZAHLT

- Wir veröffentlichen Ihre Hausarbeit,
  Bachelor- und Masterarbeit

- Ihr eigenes eBook und Buch -
  weltweit in allen wichtigen Shops

- Verdienen Sie an jedem Verkauf

Jetzt bei www.GRIN.com hochladen und kostenlos publizieren

Bibliografische Information der Deutschen Nationalbibliothek:

Die Deutsche Bibliothek verzeichnet diese Publikation in der Deutschen National-
bibliografie; detaillierte bibliografische Daten sind im Internet über http://dnb.d-
nb.de/ abrufbar.

Dieses Werk sowie alle darin enthaltenen einzelnen Beiträge und Abbildungen
sind urheberrechtlich geschützt. Jede Verwertung, die nicht ausdrücklich vom
Urheberrechtsschutz zugelassen ist, bedarf der vorherigen Zustimmung des Verla-
ges. Das gilt insbesondere für Vervielfältigungen, Bearbeitungen, Übersetzungen,
Mikroverfilmungen, Auswertungen durch Datenbanken und für die Einspeicherung
und Verarbeitung in elektronische Systeme. Alle Rechte, auch die des auszugsweisen
Nachdrucks, der fotomechanischen Wiedergabe (einschließlich Mikrokopie) sowie
der Auswertung durch Datenbanken oder ähnliche Einrichtungen, vorbehalten.

Impressum:

Copyright © 2014 GRIN Verlag, Open Publishing GmbH
Druck und Bindung: Books on Demand GmbH, Norderstedt Germany
ISBN: 9783668408876

Dieses Buch bei GRIN:

http://www.grin.com/de/e-book/349149/handlung-motive-und-ideologien-in-die-
blechtrommel-von-guenter-grass

Lisa Gutman

Handlung, Motive und Ideologien in "Die Blechtrommel" von Günter Grass

Übersicht zu Figuren und Orten sowie Analyse nach Genettes Erzähltheorie

GRIN Verlag

GRIN - Your knowledge has value

Der GRIN Verlag publiziert seit 1998 wissenschaftliche Arbeiten von Studenten, Hochschullehrern und anderen Akademikern als eBook und gedrucktes Buch. Die Verlagswebsite www.grin.com ist die ideale Plattform zur Veröffentlichung von Hausarbeiten, Abschlussarbeiten, wissenschaftlichen Aufsätzen, Dissertationen und Fachbüchern.

Besuchen Sie uns im Internet:

http://www.grin.com/

http://www.facebook.com/grincom

http://www.twitter.com/grin_com

Ernst-Moritz-Arndt-Universität Greifswald
Deutsche Philologie
Ästhetik und Medientheorie
Lisa Gutman

Günter Grass: Die Blechtrommel (1959)

Inhaltsverzeichnis

Handlung

1. Buch

- Anna gewährt Joseph Koljaiczek Zuflucht unter ihren Röcken – vermutliche Zeugung von Agnes, Agnes heiratet Alfred Matzerath, den sie im Krankenhaus kennenlernte. Agnes hat gleichzeitig eine Affäre mit Jan Bronski, die bis zu Agnes Tod geht.
- Oskar wird geboren (Unklarheit über den Vater); er kann sich an seine Geburt erinnern und dann seine Mutter ihm zum 3. Geburtstag eine Blechtrommel verspricht.
- An seinem 3. Geburtstag bekommt Oskar tatsächlich eine Trommel und beschließt nicht mehr zu wachsen; um eine Erklärung zu liefern stürzt er sich die Kellertreppen hinab.
- Oskar lebt für sein Trommeln und erkennt dass er Glas zersingen kann, was er sich zunutze macht, wenn ihm jemand seine Trommeln nehmen will; z.B.: in der Schule.
- Oskar geht nicht in die Schule, sondern wird zu Hause unterrichtet; er lernt heimlich, spricht nicht und lässt alle in dem Glauben auch innerlich ein Dreijähriger zu sein.
- Oskar trifft Bebra einen anderen Kleinwüchsigen aus dem Zirkus, der ihm rät auf der Bühne zu stehen; und er erkennt, dass er Menschen nach seinem Takt tanzen lassen kann. Oskar nutzt seine Stimme um ehrliche Menschen zu Dieben zu machen, in dem er Schaufensterglas zersingt.
- Oskar wird getauft und erkennt in Jesus eine Ähnlichkeit zu ihm selbst; Als er Jesus seine Trommel umhängt, dass auch er spielen kann, passiert nichts und Oskar will das Kirchenglas zersingen, was ihm nicht gelingt.
- Agnes stirbt an einer Fischvergiftung; sie war schwanger.
- Oskar freundet sich mit Herbert an, sie begehen einige Diebstähle, doch dann sucht sich Herbert eine Arbeit als Museumswärter, wo ihn Oskar zuerst begleitet, bis er nicht mehr darf; Herbert stirbt bei seiner Arbeit durch eine seiner Figuren.
- In der Reichskristallnacht verwüstet die SA den Spielzeugladen, in dem Oskar seine Trommeln zu kaufen pflegte; Der jüdische Ladeninhaber hat sich selbst erhängt; Oskar schnappt sich 3 Trommeln als Vorrat.

2. Buch

- Im August 1939: Verteidigung der polnischen Post. Nach fehlgeschlagener Verteidigung wird Jan erschossen.
- Ende 1939: Maria arbeitet im Geschäft von Matzerath als Verkäuferin. Oskar verliebt sich in sie, es kommt zu sexuellen Handlungen.
- Anfang 1940: Maria ist schwanger, Oskar glaubt, es sei sein Kind. Maria und Alfred Matzerath heiraten.
- 12. Juni 1941: Kurt, Marias Sohn, wird geboren.
- 1943: Oskar trifft sich mit Bebra, dem Musikclown und wird Mitglied in Bebras Fronttheater-Ensemble. Er entwickelt eine Liebesbeziehung zur kleinwüchsigen Roswitha.
- Im April 1944: Roswitha stirbt. Bebra und Oskar kehren nach Danzig zurück, dort trennen sich ihre Wege.
- April 1944 bis Anfang 1945: Oskar schenkt Kurt die versprochene Trommel, doch dieser nimmt sie nicht an sondern zerstört sie und verprügelt Oskar. Oskar findet in der katholischen Kirche eine Jesusstatue, der er seine Trommel umhängt. Diese beginnt zu trommeln. Oskar wird Mitglied der Bande „die Stäuber". Die gesamte Gruppe wird verhaftet, nur Oskar wird freigesprochen.

- Im März 1945: Die Russen stürmen Danzig und auch Matzeraths Wohnung. Oskar schnappt sich das Parteiabzeichen seines Vaters, um es ihm in einem ungünstigen Moment zurückzugeben, woraufhin dieser es in seiner Not verschluckt. Die Nadel des Abzeichens verhakt sich in seinem Hals, weshalb Matzerath zu ersticken droht und schließlich erschossen wird. Bei der Beerdigung wirft Oskar seine Blechtrommel in das Grab und beschließt wieder zu wachsen.
- April bis Juli 1945: Oskar wird krank. Maria bekommt eine Stelle als Putzfrau in der Klinik.
- August 1945 bis Mai 1946: Oskar liegt in der Klinik und misst nun 1.23 m, somit kann er sein Erwachsenenleben beginnen.

3. Buch

- Oskar redet in der Öffentlichkeit, trommelt nicht, beginnt als Steinmetz bei Korneff zu arbeiten und als Aktmodell an der Kunsthochschule.
- Oskar zieht zur Untermiete in ein Zimmer; Nachbarin Schwester Dorothea, trifft Herrn Münzer (Klepp), musizieren zusammen, gründen Band, Oskar trommelt wieder; neuer Gitarrist Scholle -> „Rhine River Three".
- Auftritte im Zwiebelkeller, Verhinderung einer Orgie durch Trommelei.
- Reise mit Lankes nach Frankreich
- Wiedersehen mit Bebra, Oskar unterzeichnet Musikvertrag -> Reichtum
- Besticht Maria ihren Liebhaber zu verlassen und einen Laden zu eröffnen.
- Findet durch geliehenen Hund einen Ringfinger, freundet sich mit Vittlar an, betet Ringfinger an.
- Vittlar und Oskar stehlen Straßenbahn: treffen auf 2 Soldaten, die den „armen Viktor" erschießen wollen, Oskar greift trommelnd ein, Vittlar neidisch -> Anzeige auf Oskars Wunsch/Rat hin.
- Flucht und Festnahme in Paris, Einweisung in Nervenheilanstalt.
- Beweis der Unschuld Oskars, Entlassung steht bevor -> Angst & Unsicherheit.

Figuren

Oskar

1. Buch:

Der Gnom und Sonderling, ein bösartiger Totalnihilist und Egomane, der die Welt der klein-bürgerlichen Erwachsenen ablehnt, erzählt sein Leben aus der Zwergperspektive. Mit Hilfe seiner Blechtrommel vergegenwärtigt sich Grass´ Kunstfigur die längst vergangenen Ereignisse, die sogar über sein eigenes Leben herausragen, wortgewaltig und mit unglaublicher Genauigkeit. Da der Kleinwüchsige aber Insasse einer Heil- und Pflegeanstalt ist, sind seine Aussagen nicht immer von absoluter Vertrauenswürdigkeit:

Anfang September 1924   „erblickte (Oskar) das Licht dieser Welt in Gestalt zweier 60-Watt-Glühbirnen" (52). Nach eigenen Aussagen „gehörte (er) zu den hellhörigen Säuglingen, deren geistige Entwicklung schon bei der Geburt abgeschlossen ist und sich fortan nur noch bestätigen muss." (52) Schon zu Beginn seines Erdenlebens verspürte Oskar eine unbändige Lebensunlust und den starken „Wunsch nach Rückkehr in die embryonale Kopflage." Einziger Lichtblick – abgesehen von den zwei Glühbirnen – war das Versprechen seiner Mutter Anna, ihm zu seinem dritten Geburtstag eine Blech-trommel zu schenken.

Nach drei langen Jahren des geduldigen Wartens bekam Oskar dann endlich seine weißrote Blech-trommel. Gleichentags beschloss er, „einen Punkt zu machen, so zu verleiben" (70), wie er war: er stellte also sein Wachstum ein und verblieb „ der Dreijährige, der Gnom, der Däumling" (71) und wurde Trommler.

Um den Erwachsenen eine Erklärung für sein Nicht-Wachsen zu geben, inszenierte Oskar einen Un-fall: er stürzte die Kellertreppe hinunter. Dieser Sturz führte für Oskar keinerlei negative Folgen mit sich, aber eine höchst ungewöhnliche positive: er entwickelte eine singende Schrei- oder schreiende Singstimme, die es ihm ermöglichte, Glas zum Zerspringen zu bringen.

Anfänglich wandte er diese Waffe des Glaszersingens einzig zu Verteidigungszwecken an, das heißt: wenn jemand ihm seine geliebte Blechtrommel wegnehmen wollte. So auch an seinem ersten und einzigen Schultag, wo er nach einer Attacke seiner Lehrerin, die behauptete, seine Trommel sei müde und müsse schlafen gehen, sämtliche Fenster des Schul-zimmers sowie die Brillengläser der Lehrerin zersang.

Da Oskars schulische Laufbahn nach diesem Einsatz ein jähes Ende nahm, musste er seine Bildung selber organisieren. In seiner Nachbarin Gretchen Schäfer, der kinderlosen Frau des Bäckermeisters, fand er seine Privatlehrerin, die ihm das Lesen beibrachte. Als Schulbücher dienten das interessante Buch „Rasputin und die Frauen" sowie J.W. Goethes Wahlverwandtschaften.

Oskar verbrachte seine Kindheit im „kleinbürgerlichen Mief" (H. M. Enzensberger) als Einzelgänger ohne soziale Kontakte zu Gleichaltrigen. Als absoluter Außenseiter wurde er von den Kindern des Hofs sogar gezwungen, eine Urin-und-Kröten-Suppe zu verkösten. Allmählich begann er seine be-sondere Stimme auch offensiv einzusetzen: Bei einem Ausflug in die Stadt zersang er die Fenster des Theaters. Zusammen mit seinem älteren Freund Herbert Truczinski machte er ein paar Einbrüche und bemächtigte sich der Schaufensterauslagen.

Später erfand er das Spiel des Versuchers: er verleitete fremde Menschen zum Diebstahl, indem er kreisrunde Ausschnitte in die Schaufenster in ihrer Nähe sang oder schrie, so dass die Auslagen frei zugänglich waren.

Mit Hilfe seiner Trommel verwandelte er eine größere NSDAP-Kundgebung auf der Maiwiese in eine Tanzveranstaltung.

Bei einem Besuch in der Herz-Jesu-Kirche entdeckte Oskar eine Jesusfigur, die ihm seiner Ansicht nach dermaßen glich, dass es sich um einen eineiigen Zwilling von ihm handeln musste. Vergeblich versuchte er, die Jesusfigur zu einem Trommler zu machen.

2. Buch:
- Übergang vom kindlichen Oskar zum erwachsenen Oskar, Entdeckung der sexuellen Triebe und erste Liebebeziehung zu Maria, Oskar möchte die Vaterrolle für Kurt übernehmen.
- Wiederholung der Dreiecksbeziehung von Jan/Agnes/Alfred mit Alfred/Maria/Oskar und Bebra/Roswitha/Oskar.
- Anerkennung Alfreds als Vaterfigur
- Oskar ist kein wirklicher Mensch, da vieles in seinem Leben und seinem Können nicht real ist. Er ist eine Kunstfigur, welche durch das eingestellte Wachstum die Maske eines Kindes behält und somit unberechenbar wird. Anderen Menschen reißt er die Maske, durch seine kindliche Art und seine Trommel herunter. Dies ermöglicht es ihm während der Vorkriegs- und Kriegszeit zu überleben. Nach Ende des Krieges beschließt Oskar sein Wachstum wieder zu beginnen.

3. Buch:
- Selbstbezeichnung „Mann" (361), Entwicklung wird wahrgenommen, vgl. Maria: „...spiel dir [...] nich auf wie sein Vater. Vor paar Monate konnste noch nich baff sagen." (359); „Für mich aber, Oskar Matzerath, Bronski, Yorick, begann ein neues Zeitalter." (380) ; will Bürger werden und Ernährer der Familie, sieht Ehe als Zugang zur Bürgerlichkeit, ist „gezwungen" Künstler statt Bürger zu werden , als Maria seinen Antrag ablehnt
- Rolle/Funktion der Anderen ist wichtiger als ihre Persönlichkeit, vgl. „[ich hätte] mich verdrückt, enttäuscht davongemacht; denn Schwester Gertrud, nicht in Weiß kam sie mit der Rotkreuzbrosche, sondern als x-beliebiges, Zivilkleidung dürftigster Machart tragendes Fräulein Gertrud Wilms aus Hamm oder Dortmund oder sonstwoher zwischen Dortmund und Hamm." (373)
- „Oskar" wird vom „ich" deutlicher getrennt: im Gebet gibt er eigenständige, unabhängige Antworten: „Ich bete an. Wer ich? Oskar oder ich? Ich fromm, Oskar zerstreut [...]Ich, einsichtig, weil ohne Gedächtnis. Oskar, einsichtig, weil voller Erinnerungen." (476)

Agnes Matzerath
- Auf einem kaschubischen Kartoffelacker gezeugte Tochter von Anna Koljaczek, geborene Bronski, und Joseph Koljaczek, einem Brandstifter, der sich auf der Flucht befand und unter den vier Röcken der Anna Zuflucht fand.
- Verliebte sich früh in ihren Vetter Jan Bronski, heiratete aber dann den deutschen Soldaten Alfred Matzerath, den sie auf einer Pflegestation, wo sie als Hilfskrankenschwester arbeitete,kennen gelernt hatte.
- Trotz der Heirat mit Matzerath wollte und konnte sie sich nicht von ihrer Jugendliebe lösen, was zu einer klassischen Dreiecksbeziehung führte, bei der Jan auf der sexuellen Ebene wohl der aktivste Part darstellte.
- Besaß einen ausgesprochenen Geschäftssinn, hatte Witz und Schlagfertigkeit.
- Bemühte sich um die Erziehung ihres kleinwüchsigen Sohnes Oskar, was ihr aber zunehmend Schwierigkeiten bereitete.
- Nahm sich nach erneuter Schwangerschaft und zunehmenden Spannung in der Dreiecksbeziehung das Leben, indem sie sich durch übermäßigen Fischkonsum vergiftete.

Alfred Matzerath

- Gebürtiger Rheinländer und passionierter Koch, der als ordentlicher aber etwas unsensibler Mensch von einfacher Natur Mühe hatte, seinen Gefühlen Ausdruck zu geben.
- typischer Vertreter des Kleinbürgertums, der schon früh in die Partei eintrat (1934), und klassischer Opportunist, dessen „Angewohnheit (es war), immer zu winken, wenn andere winkten, immer zu schreien, zu lachen und zu klatschen, wenn andere schrien, lachten oder klatschten." (195)

Jan Bronski

- zierlicher und feinfühliger Vetter und Geliebter von Oskars Mutter Anna, der im Gegensatz zu Matzerath sehr sensibel war und seinen Gefühlen durchaus Ausdruck zu geben vermochte.
- stand im nicht unberechtigten Verdacht, der Vater von Oskar zu sein.
- überstand vier Musterungen, ohne eingezogen zu werden, was er vor allem seiner schmächtigen Statur zu verdanken hatte.
- nahm die polnische Staatsbürgerschaft an und arbeitete bei der polnischen Post, was zu Reibereien mit dem deutschen Matzerath führte.

Bebra

- wie Oskar ein Kleinwüchsiger, dem dieser erstmals bei einem Zirkusbesuch im Jahr 1934 begegnete und der Oskar schon damals die Zukunft voraussagte: „Sie kommen! Sie werden die Festplätze besetzen. Sie werden Fackelzüge veranstalten! Sie werden Tribünen bauen,Tribünen bevölkern und von Tribünen herunter unseren Untergang predigen." (144)
- gab Oskar den Lebensrat, „immer auf der Tribüne zu sitzen und niemals vor der Tribüne zu stehen." (144)
- ist Vertreter des Menschentypus, der sich in allen Systemen zurechtfindet und sich immer eigene Vorteile zu verschaffen vermag.

Maria Truczinski

- 16 bis 24 Jahre alt
- Dienstmädchen bei Matzerath und Oskars erste große Liebe
- Matzerath (bedeutend älter) heiratet sie, als sie schwanger wurde
- Oskar ist der Meinung, dass das Kind von ihm sei und versucht es abzutreiben.
- Das Kind wird geboren und Kurt genannt.
- Maria wird Witwe und Oskar macht ihr einen Heiratsantrag, den sie ablehnt.

Sigismund Markus

- jüdischer Spielwarenverkäufer, der sich in Anna Matzerath verliebt hatte und bereit war, mit ihr und ihrem Sohn nach London zu fliehen, dessen Angebot aber von Anna abgelehnt wurde.
- Lieferant von Oskars unzähligen Blechtrommeln, der sich darüber hinaus auch Oskar temporär annahm, wenn seine Mutter anderweitig in der Stadt zu tun hatte.

Musiker Meyn

- Alkoholiker, der vor allem unter Alkoholeinfluss zum begnadeten Musiker wurde.
- versuchte, sein Leben durch Eintritt in den Musikkorps der Reiter-SA in den Griff zu bekommen, was aber letztendlich am Überlebenswillen seiner vier Katzen scheiterte.

Schwester Dorothea:

- Hauptsächlich durch ihr Zimmer, ihre Kleidung und ihre Nichtanwesenheit beschrieben
- „bestätigte Oskars stille Hoffnung: nur mäßiges Interesse an [ziviler Kleidung]" (409), Lackgürtel erinnert an Aale, Oskar masturbiert im Schrank
- Später versuchter Geschlechtsverkehr unter Kokosläufer-Maske, Oskar als Satan; Dorothea auch hier nicht äußerlich beschrieben, nur durch Äußerungen und Verhalten charakterisiert
- Beschreibung im durch Vittlar Aufgezeichneten Gebet, sehr intime Kenntnisse ihrer Träume, Details zum Aussehen, Details ihres Todes

Weitere Figuren:

- **Roswitha**: Kleinwüchsige Zirkusdarstellerin, Partnerin von Bebra, Liebesbeziehung zu Oskar, stirbt durch Alliiertenangriff
- **Kurt**: Kind von Maria, Vaterfrage ungeklärt, Antisympathie für Oskar, wirft den Stein, welcher Oskars Wachstum wiederbelebt
- **Schwester Gertrude**: hat ein Date mit Oskar, schämt sich
- **Korneff**: Steinmetz und Besitzer der Grabsteinwerkstatt, stellt Oskar ein
- **Herr Münzer/ Klepp**: wohnt zunächst auch als Untermieter beim Zeidler, Musiker, gründet zusammen mit Oskar und Scholle die Jazzband „Rhine River Three"
- **Scholle**: Gitarrist in der Band, schießt zur Entspannung Spatzen
- **Lankes**: ehemaliger Obergefreiter, nun Maler; Reisegefährte Oskars nach Frankreich, verführt eine Nonne, greift beim folgenden Suizid nicht ein
- **Ulla**: Muse von Lankes, steht zusammen mit Oskar Modell für Kunststudenten
- **Vittlar**: Dekorateur, Zeuge als Oskar den Ringfinger findet, bezeichnet sich als Freund Oskars, erstattet Anzeige gegen ihn, fungiert als Erzähler (Anzeige).

Orte

1. Buch

- **Preußen** im heutigen Polen; v.a. Danzig
- Geburtsstadt von Agnes und Oskar; Oskar hält sie vorerst geheim: „Nur um die Spannung zu erhöhen nenne ich den Namen dieser Stadt an der Mottlaummündung noch nicht, obgleich sie als Geburtsstadt meiner Mutter nennenswert wäre" (24).
- **Amerika**: Das ferne Land, Land der Zuflucht, der Hoffnung; Vielleicht hält sich Joseph Koljaiczek nach seinem Verschwinden dort auf;
- **Röcke von Anna**: Zufluchtsort/Versteck für Joseph und Oskar;
- Beginn der Geschichte; Zeugungsort von Agnes; Lagerkeller
- **Spielzeugladen**: Oskar holt sich dort seinen Blechtrommelnachschub; Ende des Spielzeugladen = Ende des 1. Buchs (Reichskristallnacht); „Es war einmal Spielzeughändler, hieß Markus und verkaufte weißrotlackierte Blechtrommeln. [...]Es war einmal ein Blechtrommler, der hieß Oskar, und sie nahmen ihm seinen Spielzeughändler." (264)
- **Fotoalbum**: Erinnerungen und Rückblenden; Konservierung von Ort, Personen und Zeit; Oskars Schatz; „Ich hüte einen Schatz.[...] während der der Reise im Güterwagen drücke ich ihn mir wertvoll gegen die Brust und wenn ich schlief, schlief Oskar auf seinem Schatz, dem Fotoalbum. Was täte ich ohne dieses alles deutlich machende, offen zu Tage liegende Familiengrab?"
- **Weitere Orte**:
  Kartoffelacker: Beginn der Geschichte; Begegnung Joseph und Anna
  Floß: Arbeitsort Joseph; sein Untergang;
  Krankenhaus: Geburt Oskars; neues Leben als ewiger Dreijähriger
  Schule: Oskar verweigert sie; Oskar als Sonderling, der heimlich lernt;
  Tribüne: Talent Menschen mit dem Takt seiner Trommel beeinflussen zu können

2. Buch

- **Polnische Post**: Verteidigung der polnischen Post; Ergreifung und anschließende Tötung Jan Bronskis
- **Westfront**: Bebra, Roswitha und Oskar treten gemeinsam im Fronttheater auf; Oskar zersingt Gläser
- **Atlantikwall**: Roswitha stirbt durch Alliiertenangriff
- **Katholische Kirche**: Wiederbegegnung mit Jesus, Zufluchtsort für Maria; Thematisierung von Jesus/Satan; Frieden/Krieg

3. Buch

- **Zwiebelkeller**: Hier werden Zwiebeln gereicht, damit die Nachkriegsgesellschaft im „tränenlosen Jahrhundert" zu Tränen kommt, was das „Leid der Welt nicht schafft" (438); Oskar zwar Teil davon, aber nur Zuschauer, bei ihm wirken Zwiebeln nicht, er muss Trommeln. Sehr detaillierte Beschreibung der Räumlichkeiten, der Stammgäste, des Wirtes, insgesamt sehr ausführlich und bildlich.
- **Pariser Rolltreppe**: Reflektion über das Leben, erneut in geraffter Form erzählt, existenzielle Fragen „Wo kommst du her Wo gehst du hin? Wer bist du? Wie heißt du? Was willst du?" (489f).
- **Weitere Orte:**
  Düsseldorf: Stadt, die nun Oskars Heimat ist; wenig Beschreibung, nur Nennung.

Lüneburg und Hannover: Zwischenstationen in den ortsansässigen Kliniken, bevor die Überweisung nach Düsseldorf stattfindet.

Zimmer: Oskar wohnt hier als Untermieter, Nachbarn Krankenschwester Dorothea und Klepp; bleibt dort bis zur Flucht, hält es nicht im Zimmer aus, kann aber auch nicht weg; mietet auch Klepps und Dorotheas Zimmer an, nachdem sie ausgezogen sind.

Der Schrank: Schwester Dorotheas Schrank; Oskar masturbiert hier, versteckt sich, versucht Dorothea zu finden, vergleicht es mit Großmutters vier Röcken; Sicherheit?

Bunker in Frankreich: Oskar reist mit Lankes hierher, nutzen Dora7 als Ferienhaus, friedliche Umgebung, selbst als eine Nonne Selbstmord begeht; Sommerurlaub

Straßenbahn: Vittlar und Oskar stehlen eine; Szene mit Soldaten und Verhaftetem, als mobiler Ort und nicht nur als Transportmittel benutzt; Erschießungsbefehl wird verhindert.

Motive

Schuld/Unschuld
- Ringfingerprozess
- „Man könnte jetzt ein Traktat über die verlorene Unschuld beginnen, könnte den trommelnden, permanent dreijährigen Oskar neben den buckligen, stimmlosen, tränen- und trommellosen Oskar stellen. Das jedoch entspräche nicht den Tatsachen: Oskar hat noch als trommelnder Oskar mehrmals die Unschuld verloren, gewann die wieder zurück oder ließ sie nachwachsen; denn die Unschuld ist einem fleißig wuchernden Unkraut zu vergleichen – denken Sie an alle die unschuldigen Großmütter, die einmal alle verruchte, hasserfüllte Säuglinge waren – nein, das Spielchen Schuld-Unschuld [war es nicht]." (415).

Kind/Erwachsener
- Oskars Entwicklung
- Im Zwiebelkeller hebt Oskar mit seiner Trommel die Grenze auf, lässt den Prozess des Erwachsenwerdens rückwärts laufen (446).

Jesus/Satan
- Taufe: innerer Satan soll in Schranken gewiesen werden, bleibt aber.
- Oskar wird als Jesusverkörperung von der Stäuberbande akzeptiert.
- Schwester Dorothea hält ihn für Satan, Selbstbezeichnung Satan, Zwiegespräch mit innerem Satan: „Er aber gab mir mürrisch und ohne Angst vor Wiederholungen zur Antwort: Hab keine Lust, Oskar." (430).

Flucht – Furcht
- Ohne Furcht keine Flucht -> Angst vor der schwarzen Köchin ; „während ich [...] mir Furcht einrede, damit die Flucht auch einen Motor hat" (486)

Tod – Sexualität
- Schwangerschaft, Selbstmord
- Dreiecksbeziehungen

Ideologien und ihre Darstellung

1. Buch

Wichtige historische Ereignisse werden – oft in grotesker Form – als bloße Nebensächlichkeiten erwähnt.

- **Ausbruch 1. Weltkrieg**
  „Darauf nahm ich wieder meine Trommel ... (und) schlug jenen schnellen sprunghaften Rhythmus, dem alle Menschen vom August des Jahres vierzehn an gehorchen mussten." (43)
- **Ende 1. Weltkrieg**
  „Der Krieg hatte sich verausgabt. Man bastelte, Anlass zu ferneren Kriegen gebend, Friedensverträge." (47)
- **Schwarzer Freitag 1929**
  „Kurz nach meinem fünften Geburtstag – man erzählte sich damals von einem Börsenkrach und ich überlegte, ob auch mein mit Holz handelnder Großvater Koljaiczek im fernen Buffalo Verluste zu erleiden hatte ..." (81)
- Die Beschreibung der NSDAP- Ideologie kann in 3 Phasen unterteilt werden:
  Erste Anzeichen der aufkommenden NSDAP-Ideologie: Musiker Meyn tritt in die Reiter-SA ein (106); Sigismund Markus beschwört Agnes M. von Bronski abzulassen: „Setzen Sie ... auf de Deitschen, weil se hochkommen, wenn nich heit dann morgen"(134); Bebra warnt Oskar im Frühling 1934: „Sie werden kommen! ..." (144).
  Zunehmende Verankerung in breiteren Schichten der Bevölkerung: NSDAP-Kundgebung im August 1935, die von Oskar und seiner Trommel in eine Tanzveranstaltung verwandelt wird (150ff.); Bild von Hitler ersetzt Bild von Beethoven über dem Piano der Familie Matzerath (145); „Deshalb ist er (Alfred M.) auch schon früh in die Partei eingetreten, als es noch gar nicht nötig war, nichts einbrachte und nur seine Sonntagvormittage beanspruchte." (195) ; Beim Begräbnis von Agnes M. wird der Jude Sigismund Markus gewaltsam vom Friedhof vertrieben. (213); „Meister Bebra hatte im Propagandaminister Goebbels seinen Meister gefunden." (222); Seit Hitlers Machtübernahme gab es mehr und mehr Staubsauger in den Haushaltungen ..." (224)
  Reichskristallnacht 9./10. November 1938: Letztes Kapitel des 1. Buches: „Glaube, Hoffnung, Liebe" (253 – 264).

2. Buch

Günter Grass bezieht sich in seinem Werk in einer direkten Beschreibung der Kriegsereignisse und der politischen Vorgänge. Die Geschehnisse spielen sich wieder, indem sie in Bezug auf die Romanfiguren geschehen. So ist Oskar beispielsweise mit Aufmärschen oder Versammlungen der Nationalsozialisten mit seiner Trommel zugegen.

Weiterhin wird die ständige Anprangerung des Nationalsozialismus und des Krieges umgangen. Zwar wird die Zeit der Nationalsozialisten kritisiert, jedoch findet sich in diesem Werk keine Spur von Haß auf das Regime.

Grass zeigt alle Situationen aus des zumindest in dieser Hinsicht ganz normalem Kleinbürgers Oskar Matzerath. In diesem Roman vollzieht sich ein Verdrängungsprozess der Geschehnisse des zweiten Weltkrieges, denn auch Oskar gibt zu, dass er versucht bestimmte Geschehnisse, wie zum Beispiel den Mord an Jan Bronski, weitgehend aus seinen Gedanken zu verdrängen.

An vielen Stellen des Werkes sind die Zeitereignisse eng mit der Romanhandlung verknüpft.

Die ersten Kriegsereignisse kurz vor dem eigentlichen Ausbruch des 2. Weltkrieges in Danzig werden aus der Sicht Oskars, welcher mit seinem Onkel und mutmaßlichen Vater in die Polnische Post gekommen ist, dargestellt. Diese wird von der Heimwehr angegriffen und eingenommen.

Weitere Kriegsereignisse werden in Form von Sondermeldungen, welche Oskar im Radio hört, dargestellt. Die Siegesmeldungen, welche in Danzig aus den Lautsprechern klingen, werden durch Oskars Trommeln begleitet und fließen somit in die Romanhandlung ein.

Aktiv am Kriegsgeschehen nimmt Oskar während seiner Zeit in Bebras Fronttheater teil, wo er mit einer Propagandakompanie nach Frankreich geht.

Das Leid und der Tod werden am Beispiel des Tods Roswithas erwähnt. Es folgen Bombenangriffe und schließlich erlebt Oskar die Zerstörung seiner Heimatstadt Danzig.

Das Ende der NSDAP wird am Ersticken des Vaters Matzerath an seinem Parteiabzeichen dargestellt.

Oskars permanentes Trommeln lässt sich auf die die gesamte Aggressivität der Zeitsituation deuten. Das Trommeln signalisiert den Krieg und die militärische Disziplin. Es stellt einen Kontakt zu den zerstörerischen Taten der nationalsozialistischen Zeit her. Ähnliches lässt sich von Oskars Fähigkeit, mit seiner Stimme Glas zu zerschreien, feststellen.

Weiterhin ist festzustellen, dass sich Oskar genau am 1. September 1939 seine große Schuld eingesteht, seine Mutter und seinen „Onkel und Vater" ins Grab gebracht zu haben.

Wichtig zu bemerken ist zudem, dass Oskar genau zu diesem Zeitpunkt der deutschen Kapitulation und des Kriegsendes, im Mai 1945, sein Wachstum wieder aufnimmt und somit versucht einem normalen Leben entgegenzuwachsen.

Analyse nach Genettes Erzähltheorie

Zeit

Ordnung
- Analepsen (Rückblenden)
  Zeitpunkt des Erzählens: Oskar in der Pflegeanstalt

Dauer
- Verhältnis zwischen Erzählzeit und erzählter Zeit
  Zeitraffungen, Ellipsen, Pausen, zeitdeckendes Erzählen (Isochronie)

Frequenz
- Singulativ: Einmaliges wird einmalig erzählt
- Repetitiv: einmalige Erlebnisse werden wiederholt geschildert
  Oskars Geburt, Tod der Mutter, Sturz am dritten Geburtstag

1. Buch
- Oskar erzählt von seiner Pflegeanstalt aus;
- 1899/1900 Begegnung Agnes und Joseph + Geburt Agnes – 9./10. November 1938 (Reichskristallnacht)
- Erzählung von 3 Generationen: Anna->Agnes->Oskar
- Versuch Zeit Anzuhalten – niemals erwachsen zu werden – immer ein Dreijähriger bleiben
- Konservierung von zeitlichen Ereignissen in einem Fotoalbum;
- 3. Lebensjahr als bedeutsames Alter;
- Zersingen der Uhr als besonderes Ereignis (79); Abgrenzung Erwachsene zu Kindern; Zeit als besonderes Merkmal;
- Blechtrommeln halten nur eine bestimmte Zeit lang; Oskar versucht sie immer schneller zu zertrommeln

Modus

Distanz / Mittelbarkeit
- Narrativ, mit Distanz: erzählte Rede
- Transportierte Rede: erlebte & indirekte Rede
- Dramatisch: innerer Monolog, direkte Figurenrede, Gedankenzitat

Fokalisierung
- Nullfokalisierung: Der Erzähler weiß mehr als die Figur
  Gedanken/Gefühle/Motive anderer Figuren: Zeugung der Mutter
- Interne Fokalisierung: Der Erzähler weiß genauso viel wie die Figur

Stimme / Erzähler

Zeit der Narration
- *gleichzeitige* Narration: Erzählung im Präsens, begleitet die Handlung simultan auf der Ebene in der Pflegeanstalt

Person (homodiegetisch / heterodiegetisch)
- homodiegetisch: Erzähler ist Teil der erzählten Welt -> „ich"

- autodiegetisch: Der Erzähler ist zugleich die Hauptfigur, der Erzähler erzählt gewissermaßen seine eigene Geschichte -> „Oskar"

Ebene
- Anordnung:
  alternierend: Erzählebenen werden unterbrochen und wieder aufgenommen
  rahmend: eine Ebene bildet Anfang und Schluss, formale äußere Klammer
- Verschachtelung: hierarchisch
- Epistemologische Metalepse: „ich" ist sich seiner Rolle als Erzähler bewusst, kommentiert sein Erzählen, richtet sich gezielt an den Leser: „Kennen Sie Parzival? Auch ich kenne ihn nicht besonders gut." (393), diskutiert Interpretationsansätzen: „Wenn nun der Leser meint, Oskar habe in dem glaszer schmeißenden Igel sich selbst, den während Jahren glaszersingenden Oskar erkannt, kann ich dem Leser nicht ganz und gar Unrecht geben[...]" (399)
- Reflektiert über bereits Erzähltes: „Begräbnisse! Ich habe Sie schon auf soviele Friedhöfe führen müssen, sage auch an irgendeiner Stelle: Begräbnisse erinnern immer an andere Begräbnisse [...]." (449).

Literatur

Primär
Grass, Günter (2009, Erstausgabe 1959) : *Die Blechtrommel,* dtv, München.

Sekundär
Genette, Gérard (1994, frz. 1972/1983): *Die Erzählung.* Fink, München.

Koschorke, Albrecht (2013): *Wahrheit und Erfindung. Grundzüge einer Allgemeinen Erzähltheorie.* S. Fischer, Frankfurt am Main.